LB 40
1586

RAPPORT DES COMMISSAIRES

Du District de Saint-Honoré, nommés dans l'Assemblée du 12 Janvier 1790, pour donner leur avis sur les réclamations des Districts des Mathurins, de la Trinité et de Saint-Nicolas-des-Champs, relativement à la Caisse d'Escompte.

C'est sur la lecture de ces trois arrêtés, qu'il a été délibéré en l'Assemblée Générale, tenue le 12 de ce mois, et qu'avant de rien statuer sur ces arrêtés, vous avez pris le parti de nommer trois commissaires pour examiner ces différens arrêtés et vous en rendre compte.

Les trois commissaires que vous avez nommé, MESSIEURS, sont MM. Pezet de Corval, notaire; M. Becquey de Beaupré, procureur au Parlement, et M. Bonnard, avocat en Parlement.

Avant de répondre aux différentes demandes de MM. du district de la Trinité, des Mathurins, et de Saint-Nicolas-des-Champs;

Les commissaires ont cru devoir entrer dans quelques détails préliminaires, relatifs à la position actuelle de la Caisse d'Escompte, d'après les renseignemens qu'ils se sont procuré.

Ce n'est point à la Caisse d'Escompte qu'il faut imputer la rareté du numéraire, mais aux événemens extraordinaires et imprévus, arrivés depuis cinq mois; les principales, les plus cruelles causes de cette rareté, sont les inculpations faites injustement à la Caisse d'Escompte, et à ceux qui l'administrent; ce sont ces clameurs inconsi-

A

dérées par lesquelles on a annoncé que la Caisse ne payoit pas, et que la Nation au contraire payoit.

La Nation a payé. Avec quoi? avec des billets de la Caisse. Qui les lui a fourni? la Caisse. Que doit-elle à la Caisse? 160 millions. Combien la Caisse a-t-elle de billets en circulation? pour 114 millions.

La Nation a donc pour sûreté 46 millions au-delà de 114 de billets que la Caisse a mis en émission; la Caisse a dailleurs un actif en porte-feuille, de plus de 55 millions, ce qui fait plus de 100 millions au-delà de ses billets, ainsi sa banqueroute est impossible.

La pénurie de l'argent a une autre cause non moins sensible que la précédente; on a été obligé de tirer une quantité considérable de grains d'u pays étranger, tous payables dans Paris, ajoutez à cela l'émigration, non-seulement des étrangers, mais même des plus riches habitans, qui dépensent au dehors ce qu'ils consommoient à Paris; la balance du commerce est en entier au détriment de la France; qu'on réveille le patriotisme en faveur de nos manufactures, elles occuperont un nombre considérable de citoyens; que tout françois se fasse un point d'honneur de préférer les ouvrages de fabriques nationales, alors l'Etat cessera d'être tributaire de l'Etranger, et on verra le numéraire reparoître.

Tous les citoyens paroissent convaincus de la vérité de ces principes.

Cependant, malgré ce tableau très-exact, malgré l'assurance de MM. de l'Assemblée Nationale, malgré le décret qu'elle vient de rendre, les inquiétudes, la méfiance continuent de se propager, et chacun réalisant et réser vant son argent, un agiotage nouveau paroît, et vient insensiblement établir un impôt sourd sur la partie la plus respectable des citoyens de Paris; celle des commerçans, artisans et journaliers.

La Caisse d'Escompte en venant au secours de l'Etat, n'a consulté que la loi impérieuse, du moment où il s'agissoit de sauver Paris, et la fortune des citoyens qui lui étoit confiée, et sans ce secours qu'elle a donné, et sans ses ressources, qu'on doit à la sagesse et au grand ordre de son administration, que seroient devenus les habitans de la Capitale depuis le moment de la révolution?

Comment les citoyens des villes et surtout Paris auroient-ils pu profiter de l'heureuse occasion de recouvrer cette liberté naissante, sans les secours effectifs que la Caisse d'Escompte a fourni pour pourvoir aux besoins en tout genre que les circonstances impératives ont nécessité?

Sans elle nous aurions manqué de pain, et c'est à ses secours que nous sommes redevables d'avoir pu établir la liberté dont nous jouissons, cette liberté quoique naissante n'en est pas moins effective, &c. De notre union et de l'accord qui régnera entre nous, dépendra la continuation de cette liberté.

Nous n'entrerons pas dans de plus grands détails, sur les éloges et les remercîmens que l'administration de la Caisse d'Escompte a droit d'attendre des citoyens de Paris, ils sont dans le cœur de tous les patriotes, et nous osons le prononcer, ceux qui cherchent à détruire ce sentiment, sont autant d'ennemis de la liberté, et des ennemis d'autant plus dangereux, qu'ils profitent d'un moment de besoin qu'ils ont peut-être eux-mêmes amené, pour nous indisposer contre nos bienfaiteurs.

La Caisse d'Escompte qui s'est occupée dans tous les temps de secourir l'Etat, ne nous abandonnera pas dans un moment où nos besoins d'especes et de ressources pour conserver le peu de commerce qui nous reste, sont si pressans.

Nous allons, Messieurs, en analisant les moyens proposés par nos freres du district des Mathurins et de Saint Nicolas-des-Champs, et en y ajoutant, vous en soumettre d'autres qui mis dans un jour favorable par vos lumieres, nous feront arriver plus sûrement au but que vous desirez, Messieurs, celui de procurer des secours, et des secours prompts à tous nos concitoyens.

Nous sommes de l'avis du district des Mathurins, de supplier l'Assemblée Nationale pour qu'elle autorise la Commune à sévir contre les agioteurs et les accapareurs d'argent.

Nous pensons qu'il seroit nécessaire de veiller à l'exactitude et à la réalité des paiemens de la Caisse d'Escompte, et en ajoutant aux précautions proposées par nos freres du district des Mathurins, nous proposerons à MM. de la Commune, qu'aucune demande faite à M. Desfaucherets ne soit accordée que sur le *visa* du président et de deux commissaires de chaque district, qui attentifs aux besoins des demandeurs, et les connoissant plus particulierement que M. Desfaucherets, préviendroient et feroient cesser un abus très-considérable qui existe de la part de beaucoup de demandeurs, lesquels réunissant des lettres de leurs commis, de leurs amis et de gens qui leur sont affidés, privent par ces sortes d'indiscrétions beaucoup d'artisans, de commerçans, dont les besoins encore un coup sont bien plus connus des commissaires de leur district, que des bureaux de M. Desfaucherets.

Mais une chose indispensable et urgente, c'est de supplier Nosseigneurs de l'Assemblée Nationale, d'ordonner que la Caisse d'Escompte fournira pour 4 à 5 millions de billets de 25 et de 50 livres, en échange d'autres qu'on lui rapportera, pour faciliter les petits paiemens qui se trouvent entierement intervertis, et obvier à l'abus que beaucoup d'acheteurs exigent des marchands en les forçant de changer souvent un billet de 200 livres pour l'achat isolé de 18 l. ou de 24 l.

Ce secours indispensable de billets de 25 liv. ou de 50 liv. feroit disparoître beaucoup d'accapareurs d'argent, qui au moyen de 4 à 5 louis d'emplettes, se procurent près de 900 livres d'especes, et en privent, encore un coup, la classe la plus respectable, celle des marchands et artisans.

Plusieurs personnes ont objecté que si la Caisse se prêtoit à donner des billets de 25 liv. et de 50 liv., le numéraire disparoîtroit en totalité; nous ne voyons pas sur quel fondement on a pû établir un pareil raisonnement.

Celui contraire est bien prouvé par les raisons que nous venons d'expliquer, et par la surveillance très-scrupuleuse que chaque district apporteroit tant à poursuivre les agioteurs et marchands d'argent, qu'à la précaution qu'il donneroit pour viser les demandes faites à M. Desfaucherets.

Une derniere réflexion, et qui doit répondre à toute objection, c'est que les billets de 25 livres et de 50 liv., donneront, 1°. une facilité incalculable dans les achats et paiemens journaliers ; 2°. qu'ils n'augmenteront pas la masse des billets existans, et enfin qu'ils seront remboursés au mois de Juillet prochain.

Enfin, Messieurs, nous estimons qu'avec ces précautions, nous pourrons arriver au mois de Juillet prochain, où on payera à bureau ouvert, qu'il est très-intéressant que chacun se prête à la circonstance et vienne au secours de la Caisse d'Escompte, qui n'a besoin que de temps pour faire ses recouvremens; que la pénurie d'especes qu'elle éprouve, provient de ce qui lui est dû par le Gouvernement.

Le Gouvernement ne peut s'acquitter avec la Caisse d'Escompte, qu'au fur et à mesure de la rentrée des droits et des impôts arriérés par les circonstances de la révolution.

Enfin, Messieurs, la Caisse d'Escompte est dans la position d'un négociant qui a pour 600,000 liv. de billets à longues échéances dans son porte-feuille, et qui ne doit que 300,000 liv. : si on lui refuse de recevoir des à-comptes à mesure de ses rentrées, on le force à manquer, et dès-lors il manque les mains pleines, et est livré aux rigueurs et au feu des poursuites ; il perd une partie de sa fortune et par dessus tout son crédit ; eh bien Messieurs, la Caisse d'Escompte éprouveroit le même inconvénient si on vouloit qu'elle payât avant d'avoir reçu du Gouvernement ; elle perdroit son crédit et par contrecoup, le Gouvernement dont elle attend les rentrées ; dès-lors les paiemens cessant, jugez de la confusion et des malheurs qu'un pareil tableau nous présente.

L'établissement des Municipalités ramenera la balance des recettes, et conséquemment le Gouvernement s'acquittera avec la Caisse.

Il ne nous reste donc, MESSIEURS, dans ce moment-ci qu'à engager tous nos concitoyens aisés à donner des preuves de confiance, en se contentant du moins de numéraire possible, afin d'en aider tous les concitoyens nos freres qui sont dans le commerce et qui ont des ouvriers à payer.

L'établissement des billets de 25 liv. et de 50 liv. encore un coup, est le seul palliatif aux besoins journaliers des marchands et manufacturiers.

Nous le répétons, MESSIEURS, le premier moyen est la confiance dans la Caisse d'Escompte, et c'est cette confiance qu'il s'agit de rétablir et qui est si précieuse au commerce. Pour se convaincre qu'elle la mérite, jettons un coup d'œil sur sa conduite, et nous verrons que malgré trois arrêts du Conseil qu'elle a obtenu depuis le mois d'Août 1788, arrêts qui ont les uns suspendu le remboursement forcé des billets de la Caisse d'Escompte, un autre qui l'a autorisée à payer en lettres-de-changes à termes, non-seulement elle n'a exécuté aucun de ces arrêts, mais même elle a constamment payé malgré les circonstances désastreuses, 10 millions par mois, l'un dans l'autre pendant douze mois : dans aucun temps, MESSIEURS, elle n'avoit autant payé.

Des gens mal intentionnés sement dans le public que cette Caisse vend elle-même son argent, et qu'elle le raréfie pour profiter de ce bas commerce; nous devons, MESSIEURS, relever ce propos, et nous sommes autorisés à vous avancer, Messieurs, que la Caisse est tellement au-dessous de pareilles manœuvres qu'il n'est pas de sacrifices auxquels elle ne soit déterminée pour avoir de l'argent; elle est en négociation avec la Hollande pour s'en procurer, et en attendant, elle est prête à donner deux et deux et demi pour cent à ceux qui voudront lui apporter des écus pour augmenter ses paiemens journaliers : voilà un argument sans replique.

Pendant les mois d'Août, Septembre, Octobre et Novembre derniers, elle a payé par mois neuf millions, et s'il n'y avoit pas quelqu'être malfaisant et caché, enfin s'il n'existoit pas autant d'aristocrates, qui après avoir cherché à nous faire manquer de pain, et n'y ayant pas réussi, essayent à accaparer les écus et à détruire la confiance pour en venir à leur but, éprouverions-nous, Messieurs, une pénurie d'argent aussi sensible? Non, Messieurs, armons-nous du courage qui nous a tellement honoré jusqu'à ce jour, pour découvrir ces ennemis de la liberté, ces gens jaloux de notre bonheur, et soutenons le crédit de la Caisse d'Escompte, armons-nous contre ses ennemis ; ils en veulent encore un coup à notre liberté et à notre tranquilité, et supplions sans perdre une minute l'Assemblée Nationale de nous accorder par l'intermission de la Commune, ce que nous avons demandé.

Projet

Projet d'arrêté proposé par les Commissaires.

L'Assemblée générale délibérant sur les différens arrêtés à elle adressés par les Districts des Mathurins, de la Trinité et de S. Nicolas-des-Champs, en date des 5, 7 et 10 janvier présent mois ; considérant que la rareté du numéraire ne pouvoit point être imputée à l'administration de la Caisse d'escompte ; que son actif, d'après les scrupuleuses vérifications qui en avoient été faites se montoient à à 102,000,000 liv. au-dessus de son passif, on ne pouvoit attribuer qu'aux ennemis du bien public les bruits qu'on a répandu pour anéantir la confiance qui lui étoit due.

Que l'Assemblée nationale, toujours animée du même esprit de patriotisme qui l'a dirigée, s'empressera de détruire leurs odieux projets ; considérant enfin qu'il étoit important pour le commerce de la Capitale, 1°. de conserver ses rapports fréquens avec le commerce des provinces ;

2°. D'arrêter le progrès de l'agiotage infâme qui se pratique sur le change des billets de la Caisse d'escompte ;

3°. De rendre plus facile le paiement des ouvriers et des petits objets de commmerce, A ARRÊTÉ :

1°. Que l'Assemblée nationale seroit suppliée, en interprêtant en tant que de besoin le décret par elle rendu concernant la circulation des billets de la Caisse d'escompte, d'ordonner que dans toutes les places du royaume les billets de Caisse seront pris pour comptant jusqu'au premier juillet prochain.

2°. De decréter contre les accapareurs d'argent la peine qu'elle avisera dans sa sagesse devoir être infligée à l'infâme usure qui se pratique sur les billets de Caisse d'escompte, et d'ordonner au Comité des recherches, tant de l'Assemblée nationale que de la Commune, de faire faire contr'eux les poursuites les plus rigoureuses.

3°. D'ordonner à la Caisse d'escompte une fabrication suffisante de billets de 100 liv., de 50 liv. et de 25 liv., qui seroient échangés à bureau ouvert contre les billets actuellement en circulation.

4°. Que les Représentans de la Commune seront tenus de demander, qu'avant de s'adresser au Lieutenant de Maire pour obtenir l'échange des billets de caisse, les porteurs de billets seroient tenus de faire viser les lettres par eux écrites, par leur Président et de deux Commissaires de leur District, et qu'il soit pris les précautions nécessaires pour veiller à l'article des paiemens.

A ARRÊTÉ en outre que le présent arrêté seroit adressé au Comité des Finances de l'Assemblée nationale, et envoyé aux Districts des Mathurins, de la Trinité et de S. Nicolas-des-Champs, et aux autres Districts.

Arrêté de l'Assemblée générale du District de S. Honoré, &c.

Extrait du registre des délibérations du District S. Honoré.

Du mardi dix-neuf janvier 1790.

L'Assemblée générale du District S. Honoré, d'après le rapport qui lui a été fait par les Commmissaires, A ARRÊTÉ :

1°. Que quant au premier article de l'arrêté proposé par lesdits Commissaires, conçu en ces termes : « Que l'Assemblée nationale seroit suppliée, en interprétant en tant

» que de besoin, le décret par elle rendu concernant la
» circulation des billets de la Caisse d'escompte ; d'ordonner
» que dans toutes les places du royaume les billets de Caisse
» seront pris pour comptant jusqu'au 1 juillet prochain ».

Il n'y avôit pas lieu à délibérer.

2°. Que pour le second, portant « de décréter contre
» les accapareurs d'argent la peine qu'elle aviseroit, &c. &c.

Qu'elle adhéroit au second article de l'arrêté de MM.
les Commissaires en tout son contenu.

3°. Que sur le troisieme article conçu en ces termes :
« Que les Représentans de la Commune seront tenus de
» demander qu'avant de s'adresser au Lieutenant de Maire
» pour obtenir l'échange des billets de caisse, &c.

L'Assemblée générale a arrêté, 1°. que sur les 300,000
livres que paie la Caisse d'escompte, il y en ait deux cent
mille livres qui soient remises aux 60 Districts, pour être
distribuées au public, suivant les demandes qui en seront
faites ; que quant aux cent autres mille livres, il y en ait
25 remises au Trésor royal, et 75 à l'Hôtel-de-Ville.

2°. Qu'il soit nommé quatre Commissaires choisis, un
de chaque District, et pris alternativement dans les 60
Districts, dont deux se rendroient à la Caisse d'escompte,
un à l'Hôtel-de-Ville, et un au Trésor royal.

Du mardi vingt-six janvier 1790.

L'Assemblée générale s'étant occupée de nouveau de la
Caisse d'escompte, a arrêté sur le 4e article contenu au
rapport de MM. les Commissaires, et conçu en ces termes :
« D'ordonner à la Caisse d'escompte une fabrication suffi-
» sante de billets de 100 livres, de 50 liv. et de 25 livres,

» qui seroient échangés à bureau ouvert, contre les billets
» actuellement en circulation ».

L'Assemblée générale a arrêté, 1°. qu'il sera nommé des Commissaires, lesquels prendront connoissance de la somme que la Caisse d'escompte est dans le cas de donner par jour.

2°. Qu'il se fera une distribution d'argent par le ministere des Districts.

3°. Qu'il sera distribué des n^{os} avec lesquels les citoyens eux-mêmes iront chercher sur le champ l'argent à la Caisse d'escompte.

4°. Que la Caisse d'escompte échangera les billets de 1000 liv. contre ceux de deux cent et de 300 liv. à la premiere demande de tout citoyen.

5°. Que MM. Badin et Seguin sont nommés Commissaires pour se rendre vers Messieurs les Administrateurs de la Caisse d'escompte, conférer avec eux des moyens à prendre qui seront les plus avantageux au commerce, et leur communiquer le présent arrêté.

Arrêté en outre que le présent sera communiqué aux 59 autres Districts.

Délivré par nous Secrétaire-Greffier, conformément à la minute de ladite délibération. A Paris ce 11 février 1790.

BLIGNY, Secrétaire-Greffier.

De l'Imprimerie de la Veuve DELAGUETTE, rue de la Vieille-Draperie.

www.ingramcontent.com/pod-product-compliance
Lightning Source LLC
Chambersburg PA
CBHW071435060426
42450CB00009BA/2191